The Dance of Hope Street and Other Stories: Bilingual Spanish-English Short Stories

Coledown Bilingual Books

Published by Coledown Bilingual Books, 2023.

While every precaution has been taken in the preparation of this book, the publisher assumes no responsibility for errors or omissions, or for damages resulting from the use of the information contained herein.

THE DANCE OF HOPE STREET AND OTHER STORIES: BILINGUAL SPANISH-ENGLISH SHORT STORIES

First edition. August 16, 2023.

ISBN: 979-8223155287

Written by Coledown Bilingual Books.

Table of Contents

Tarde de Misterio en la Calle Esperanza

La tranquila Calle Esperanza despertó con un misterio en el aire. La señora Ramírez, una vecina de larga data conocida por su afición a los cactus, se encontró con algo inusual al abrir su puerta aquella soleada mañana. Un pequeño cofre de madera descansaba en el umbral, su tapa adornada con un intrincado diseño de enredaderas. Intrigada, la señora Ramírez tomó el cofre y lo llevó a su acogedor salón, donde llamó a su amiga, la señora González.

"¡Oh, Josefina! ¡Mira lo que he encontrado en mi puerta esta mañana!", exclamó la señora Ramírez, mostrándole el cofre a su amiga con ojos brillantes.

La señora González ajustó sus gafas y examinó el cofre con gran interés. "¡Qué maravilla, Rosita! Parece sacado de una historia de aventuras. ¿Habrá algún tesoro escondido dentro?"

Las dos amigas intercambiaron especulaciones mientras el resto de la calle comenzaba a notar el misterioso cofre. Pronto, el Sr. Martínez, el dueño de la tienda de antigüedades al final de la calle, se unió a la charla. Con su voz suave y misteriosa, sugirió que podrían estar ante una reliquia de tiempos pasados.

A medida que corría la voz, más vecinos se unieron al debate. La calle entera estaba en efervescencia por el misterio del cofre. La joven periodista, Andrea, decidió investigar el asunto y entrevistó a cada vecino, recopilando teorías y suposiciones. El joven Lucas, siempre en busca de emociones, aventuró que el cofre podría contener el mapa de un tesoro pirata olvidado.

En la tienda de don Martínez, los vecinos examinaban objetos antiguos en busca de pistas. El Sr. Hernández, el boticario, descubrió una antigua carta que sugería una conexión con la historia de la calle. La comunidad se reunió en el jardín de la señora Ramírez al atardecer, donde compartieron sus descubrimientos.

Finalmente, después de un día lleno de emociones, risas y especulaciones, los vecinos decidieron abrir el cofre en compañía de todos. Con gran ceremonia, la señora Ramírez levantó la tapa, revelando una carta y un puñado de piedras preciosas. La carta, escrita por la anterior propietaria de la casa de la señora Ramírez, contaba la historia de un amor secreto y prohibido que había florecido en la calle décadas atrás. Las piedras preciosas eran un regalo del amante desconocido.

La calle quedó en silencio por un momento, asimilando la emotiva historia. El misterio del cofre se convirtió en un vínculo que unió aún más a la comunidad. Las relaciones entre vecinos se fortalecieron y todos compartieron un cálido sentimiento de pertenencia.

Y así, la Calle Esperanza descubrió que el verdadero tesoro no estaba en las piedras preciosas, sino en las conexiones humanas y las historias que compartían. En ese tranquilo rincón de la ciudad, el misterio había tejido un vínculo eterno entre vecinos que duraría generaciones.

Afternoon of Mystery on Hope Street

The tranquil Hope Street awoke with a mystery in the air. Mrs. Ramirez, a long-standing neighbor known for her fondness for cacti, encountered something unusual when she opened her door on that sunny morning. A small wooden chest rested on the threshold, its lid adorned with an intricate design of vines. Intrigued, Mrs. Ramirez picked up the chest and carried it into her cozy living room, where she called her friend, Mrs. Gonzalez.

"Oh, Josefina! Look what I found on my doorstep this morning!" exclaimed Mrs. Ramirez, showing her friend the chest with shining eyes.

Mrs. Gonzalez adjusted her glasses and examined the chest with great interest. "Oh, how marvelous, Rosita! It looks like something out of an adventure story. Could there be some hidden treasure inside?"

The two friends exchanged speculations as the rest of the street began to notice the mysterious chest. Soon, Mr. Martinez, the owner of the antique shop at the end of the street, joined the conversation. With his soft and mysterious voice, he suggested that they might be facing a relic from times past.

As word spread, more neighbors joined in the discussion. The whole street was abuzz with the mystery of the chest. The young journalist, Andrea, decided to investigate the matter and interviewed each neighbor, collecting theories and assumptions.

Young Lucas, always seeking excitement, ventured that the chest might contain the map to a forgotten pirate treasure.

In Mr. Martinez's shop, neighbors examined ancient objects for clues. Mr. Hernandez, the apothecary, discovered an old letter suggesting a connection to the street's history. The community gathered in Mrs. Ramirez's garden at sunset, where they shared their discoveries.

Finally, after a day filled with excitement, laughter, and speculation, the neighbors decided to open the chest in everyone's company. With great ceremony, Mrs. Ramirez lifted the lid, revealing a letter and a handful of gemstones. The letter, written by the previous owner of Mrs. Ramirez's house, told the story of a secret and forbidden love that had blossomed on the street decades ago. The gemstones were a gift from the unknown lover.

The street fell silent for a moment, absorbing the emotional story. The mystery of the chest became a bond that further united the community. Relationships between neighbors grew stronger, and everyone shared a warm sense of belonging.

And so, Hope Street discovered that the true treasure was not in the gemstones, but in human connections and the stories they shared. In that quiet corner of the city, the mystery had woven an eternal bond among neighbors that would last for generations.

El Concierto de Esperanza

La calle Esperanza siempre había sido un lugar donde la armonía y el espíritu comunitario florecían. Cada año, los vecinos organizaban un evento especial en el que compartían sus talentos musicales y celebraban la diversidad de la comunidad. Este año, sin embargo, el evento prometía ser aún más emocionante.

Doña Carmen, una viuda de cabellos plateados y corazón tierno, era una apasionada pianista que había compartido su música con la calle durante décadas. Pero, a medida que los años avanzaban, sus dedos se volvían menos ágiles y el piano en su sala acumulaba polvo. A pesar de ello, Doña Carmen seguía siendo el alma musical de la calle Esperanza.

Un día, mientras los vecinos compartían té en el jardín de la señora Ramírez, la idea tomó forma. Andrea, la joven periodista, propuso la creación de un concierto en honor a Doña Carmen. Todos estuvieron de acuerdo y se pusieron manos a la obra. Los músicos locales, desde el Sr. Martínez con su melódica flauta hasta la joven Isabella y su vibrante violín, se unieron con entusiasmo.

El Sr. Hernández, el boticario, ofreció su tienda como lugar para ensayar. Cada tarde, los sonidos de piano, flauta y violín se entrelazaban en una armonía que llenaba el aire. Doña Carmen, emocionada pero nerviosa, aceptó ser la pieza central del concierto.

A medida que el día del concierto se acercaba, la calle Esperanza se llenó de emoción. Los vecinos ensayaban sus piezas con fervor, compartiendo risas y consejos musicales. Las tardes de ensayo se convirtieron en momentos de camaradería, donde los lazos entre vecinos se fortalecían aún más.

Llegó la noche del concierto y el jardín de la señora Ramírez estaba iluminado por suaves luces parpadeantes. Los vecinos se habían reunido con sillas y mantas, anticipando una velada inolvidable. El concierto comenzó con el Sr. Martínez tocando una dulce melodía en su flauta, seguido por Isabella, cuyo violín llenaba el aire con notas vibrantes.

Finalmente, el momento llegó. Doña Carmen, vestida de blanco y con su cabello plateado brillando bajo la luz de la luna, se sentó frente al piano. Sus dedos, aunque no tan ágiles como antes, tocaban las teclas con pasión y amor. La música fluía como un río de emociones, transportando a todos los presentes a un lugar de serenidad y alegría.

Al final del concierto, los aplausos resonaron en la calle Esperanza. Doña Carmen miró a su alrededor, sus ojos llenos de lágrimas de gratitud. La comunidad había creado una sinfonía de amor y aprecio, recordándole que su música seguía tocando los corazones de todos.

Y así, en el mágico escenario de la calle Esperanza, la música había unido a la comunidad en una nota de esperanza y unidad, demostrando una vez más que las melodías pueden tejer lazos indestructibles entre las almas de las personas.

The Concert of Hope

Hope Street had always been a place where harmony and community spirit thrived. Every year, the neighbors organized a special event where they shared their musical talents and celebrated the diversity of the community. This year, however, the event promised to be even more exciting.

Doña Carmen, a silver-haired widow with a tender heart, was a passionate pianist who had shared her music with the street for decades. But as the years advanced, her fingers became less agile, and the piano in her living room gathered dust. Despite this, Doña Carmen remained the musical soul of Hope Street.

One day, as the neighbors shared tea in Mrs. Ramirez's garden, the idea took shape. Andrea, the young journalist, proposed creating a concert in honor of Doña Carmen. Everyone agreed and got to work. Local musicians, from Mr. Martinez with his melodic flute to young Isabella and her vibrant violin, joined in with enthusiasm.

Mr. Hernandez, the apothecary, offered his shop as a place to rehearse. Every evening, the sounds of piano, flute, and violin intertwined in a harmony that filled the air. Doña Carmen, excited but nervous, agreed to be the centerpiece of the concert.

As the concert day approached, Hope Street was filled with excitement. Neighbors rehearsed their pieces fervently, sharing laughter and musical advice. Rehearsal evenings turned into moments of camaraderie, where bonds between neighbors grew even stronger.

The concert night arrived, and Mrs. Ramirez's garden was lit up by soft, twinkling lights. Neighbors had gathered with chairs and blankets, anticipating an unforgettable evening. The concert began with Mr. Martinez playing a sweet melody on his flute, followed by Isabella, whose violin filled the air with vibrant notes.

Finally, the moment arrived. Doña Carmen, dressed in white with her silver hair shining under the moonlight, sat in front of the piano. Her fingers, although not as agile as before, touched the keys with passion and love. The music flowed like a river of emotions, carrying everyone present to a place of serenity and joy.

At the end of the concert, applause echoed on Hope Street. Doña Carmen looked around, her eyes filled with tears of gratitude. The community had created a symphony of love and appreciation, reminding her that her music continued to touch the hearts of all.

And so, on the magical stage of Hope Street, music had united the community in a note of hope and unity, once again proving that melodies can weave indestructible bonds among the souls of people.

El Misterio de las Flores Desaparecidas

En la apacible calle Esperanza, donde las flores siempre florecían en armonía, se desató un misterio que intrigó a todos los vecinos. Cada mañana, los residentes de la calle se despertaban para encontrar sus jardines y macetas vacías, sin rastro alguno de las hermosas flores que una vez habían llenado de color el vecindario.

Doña Marta, una apasionada jardinera conocida por sus exuberantes arreglos florales, fue la primera en descubrir la desaparición de sus flores. Alarmada, corrió de puerta en puerta, informando a los vecinos sobre el extraño suceso. Pronto, la calle se llenó de murmullos y conjeturas sobre quién o qué podría estar detrás de esta enigmática desaparición.

Andrea, la joven periodista de la calle, decidió tomar el asunto en sus propias manos. Reunió a un grupo de vecinos dispuestos a investigar el misterio y descubrir la verdad. El grupo estaba compuesto por el Sr. Martínez, el dueño de la tienda de antigüedades con ojo agudo para los detalles, y la intrépida Isabella, cuya destreza con el violín rivalizaba con su curiosidad.

Juntos, el grupo comenzó a recopilar pistas y entrevistar a los vecinos. Descubrieron que todos tenían historias similares: sus flores habían desaparecido sin dejar rastro. Doña Marta recordó haber visto una sombra sospechosa la noche anterior, pero no pudo identificar a la persona.

Después de varios días de investigación, el grupo notó un patrón. Las flores desaparecían de manera sistemática, cada noche en un lugar diferente. El Sr. Martínez sugirió que podrían estar tratando con un amante de las flores que estaba creando su propio jardín secreto.

Decidieron establecer una vigilancia nocturna para atrapar al ladrón de flores en acción. Armados con binoculares y linternas, el grupo se ocultó en los arbustos y esperó pacientemente. Fue una noche fresca y tranquila, pero su paciencia valió la pena.

Poco antes del amanecer, vieron a una figura furtiva moviéndose sigilosamente por los jardines. Era un joven llamado Miguel, quien había estado enfrentando problemas personales y encontró consuelo en el cuidado de las flores de la calle Esperanza. Sin embargo, al darse cuenta de que había estado causando preocupación, confesó su culpa.

En lugar de castigarlo, la comunidad se reunió para apoyar a Miguel. Juntos, trabajaron para restaurar los jardines y devolver la belleza a la calle. Cada vecino contribuyó con plantas y flores, y Miguel aprendió a canalizar su amor por la jardinería de una manera más positiva.

El misterio de las flores desaparecidas se convirtió en una historia de redención y unión en la calle Esperanza. La comunidad descubrió que, incluso en los momentos de incertidumbre, podían encontrar fuerza y belleza al trabajar juntos. Y así, la calle volvió a florecer, más hermosa que nunca, gracias a la magia de la solidaridad y la amistad.

The Mystery of the Disappearing Flowers

In the peaceful Hope Street, where flowers always bloomed in harmony, a mystery unfolded that intrigued all the neighbors. Every morning, the street's residents woke up to find their gardens and planters empty, with no trace of the beautiful flowers that had once filled the neighborhood with color.

Doña Marta, a passionate gardener known for her lush floral arrangements, was the first to discover the disappearance of her flowers. Alarmed, she ran from door to door, informing the neighbors about the strange occurrence. Soon, the street was filled with whispers and speculations about who or what could be behind this enigmatic disappearance.

Andrea, the young journalist of the street, decided to take matters into her own hands. She gathered a group of willing neighbors to investigate the mystery and uncover the truth. The group included Mr. Martinez, the owner of the antique shop with a keen eye for details, and the fearless Isabella, whose skill with the violin rivaled her curiosity.

Together, the group began to gather clues and interview the neighbors. They discovered that everyone had similar stories: their flowers had disappeared without a trace. Doña Marta remembered seeing a suspicious shadow the night before but couldn't identify the person.

After several days of investigation, the group noticed a pattern. The flowers were disappearing systematically, each night in a different place. Mr. Martinez suggested they might be dealing with a flower lover who was creating their own secret garden.

They decided to set up a nighttime surveillance to catch the flower thief in action. Armed with binoculars and flashlights, the group hid in the bushes and waited patiently. It was a cool and quiet night, but their patience paid off.

Just before dawn, they spotted a stealthy figure moving quietly through the gardens. It was a young man named Miguel, who had been dealing with personal issues and found solace in caring for the flowers of Hope Street. However, upon realizing that he had been causing concern, he confessed his guilt.

Instead of punishing him, the community rallied to support Miguel. Together, they worked to restore the gardens and bring beauty back to the street. Each neighbor contributed plants and flowers, and Miguel learned to channel his love for gardening in a more positive way.

The mystery of the disappearing flowers turned into a story of redemption and unity on Hope Street. The community discovered that even in moments of uncertainty, they could find strength and beauty by working together. And so, the street bloomed again, more beautiful than ever, thanks to the magic of solidarity and friendship.

El Baile de la Calle Esperanza

La calle Esperanza siempre había sido un lugar donde las tradiciones y la comunidad se entrelazaban en una danza armoniosa. Y este año, el Baile Anual de la Calle Esperanza prometía ser una celebración que nadie olvidaría.

Doña Rosa, una respetada anciana de la calle, había sido la fuerza impulsora detrás de este evento durante décadas. Sus ojos brillaban con entusiasmo mientras compartía historias de bailes pasados y trajes espectaculares con los vecinos. Pero este año, su salud le impedía organizar el baile, y los corazones de todos se entristecieron al pensar que el evento podría cancelarse.

Andrea, la joven periodista del vecindario, se reunió con los demás vecinos en el jardín de la señora Ramírez para discutir qué hacer. Fue entonces cuando surgió una idea audaz: todos los vecinos se unirían para organizar el Baile de la Calle Esperanza en honor a Doña Rosa.

Cada vecino contribuyó de alguna manera. El Sr. Martínez, el dueño de la tienda de antigüedades, ayudó a diseñar los programas del evento. Isabella, la joven violinista, se encargó de la música, junto con el Sr. García y su animada guitarra. El Sr. Hernández, el boticario, ofreció su jardín para el baile al aire libre.

Los días previos al baile estuvieron llenos de actividad. Los vecinos decoraron el jardín con luces brillantes y coloridas flores.

Prepararon deliciosos platos para compartir y eligieron sus trajes con entusiasmo. Los ensayos de baile llenaron la calle con risas y música, creando un ambiente de anticipación y alegría.

Finalmente, llegó el día del baile. La calle Esperanza se transformó en un lugar mágico, iluminado por luces suaves y decoraciones festivas. Los vecinos se reunieron, vestidos con sus mejores galas, listos para celebrar. Andrea, con su cámara en mano, capturaba los momentos especiales para la posteridad.

La música comenzó a tocar y los vecinos se sumergieron en la danza. Los pasos se entrelazaron en una coreografía improvisada, mientras las risas y los vítores llenaban el aire. Doña Rosa, aunque sentada debido a su salud, tenía una sonrisa radiante al ver la celebración que todos habían creado en su honor.

El Baile de la Calle Esperanza fue un éxito rotundo, un tributo a la solidaridad y al espíritu comunitario. A través de su esfuerzo colectivo, los vecinos habían demostrado que las tradiciones y la conexión humana eran más fuertes que cualquier obstáculo. Y en medio de la música y el baile, la calle Esperanza encontró una vez más su ritmo y su alegría, unidos en una danza eterna de amistad y amor.

The Dance of Hope Street

Hope Street had always been a place where traditions and community intertwined in a harmonious dance. And this year, the Annual Dance of Hope Street promised to be a celebration no one would forget.

Doña Rosa, a respected elder of the street, had been the driving force behind this event for decades. Her eyes sparkled with enthusiasm as she shared stories of past dances and spectacular costumes with the neighbors. But this year, her health prevented her from organizing the dance, and everyone's hearts saddened at the thought that the event might be canceled.

Andrea, the young journalist of the neighborhood, gathered with the other neighbors in Mrs. Ramirez's garden to discuss what to do. That's when a bold idea emerged: all the neighbors would come together to organize the Dance of Hope Street in honor of Doña Rosa.

Each neighbor contributed in some way. Mr. Martinez, the owner of the antique shop, helped design the event programs. Isabella, the young violinist, took charge of the music, along with Mr. Garcia and his lively guitar. Mr. Hernandez, the apothecary, offered his garden for the outdoor dance.

The days leading up to the dance were filled with activity. Neighbors decorated the garden with bright lights and colorful flowers. They prepared delicious dishes to share and eagerly chose their outfits. Dance rehearsals filled the street with laughter and music, creating an atmosphere of anticipation and joy.

Finally, the day of the dance arrived. Hope Street transformed into a magical place, illuminated by soft lights and festive decorations. Neighbors gathered, dressed in their finest attire, ready to celebrate. Andrea, with her camera in hand, captured the special moments for posterity.

The music began to play, and the neighbors immersed themselves in the dance. Steps intertwined in an improvised choreography, while laughter and cheers filled the air. Doña Rosa, although seated due to her health, had a radiant smile as she watched the celebration everyone had created in her honor.

The Dance of Hope Street was a resounding success, a tribute to solidarity and community spirit. Through their collective effort, the neighbors had shown that traditions and human connection were stronger than any obstacle. And amidst the music and dance, Hope Street once again found its rhythm and joy, united in an eternal dance of friendship and love.

La Feria de la Amistad en la Calle Esperanza

En la pintoresca Calle Esperanza, donde los vecinos compartían risas y buenos momentos, se acercaba una fecha muy especial: el Día de la Amistad. Los residentes de la calle habían decidido celebrar este día de una manera única y memorable, y así nació la idea de la "Feria de la Amistad".

La organización de la feria fue una tarea que involucró a todos. Desde los jóvenes hasta los más mayores, cada vecino aportó su granito de arena. Doña Marta, la amante de las flores, tomó la responsabilidad de decorar la calle con guirnaldas coloridas y arreglos florales. El Sr. Martínez, siempre ingenioso, se encargó de diseñar juegos de feria hechos a mano, como lanzar aros y un laberinto de cuerdas.

Los niños de la calle se entusiasmaron con la idea de tener su propio puesto en la feria. Crearon un stand de "Pinta tu Amistad", donde los asistentes podían pintarse las manos y dejar sus huellas en un gran lienzo para simbolizar su amistad. También organizaron un puesto de "Historias de Amistad", donde los vecinos podían compartir anécdotas especiales sobre sus amistades.

La joven Isabella, con su talento para el violín, planeó un concierto especial de música para la feria. Practicó junto a otros músicos locales y juntos crearon un repertorio vibrante que llenaría la calle de melodías alegres. El Sr. Hernández, conocido por su cocina deliciosa, encabezó el puesto de comida, ofreciendo platillos tradicionales y delicias para todos los gustos.

El Día de la Amistad finalmente llegó, y la Calle Esperanza se transformó en un lugar lleno de emoción y color. Los puestos de la feria se alinearon a lo largo de la calle, y los vecinos vestidos con atuendos festivos se reunieron para disfrutar de la celebración. Los juegos y actividades de la feria crearon un ambiente de alegría y camaradería.

El concierto de Isabella fue un éxito total. La música resonó en los corazones de los asistentes, y las historias compartidas en el puesto de "Historias de Amistad" crearon vínculos aún más fuertes entre los vecinos. La feria se convirtió en una celebración de los lazos que unían a la comunidad y recordó a todos la importancia de la amistad en sus vidas.

Y así, en la Calle Esperanza, la "Feria de la Amistad" se convirtió en una tradición anual que simbolizaba la unidad y el cariño entre vecinos. Cada año, la feria recordaba a todos que la amistad era un tesoro preciado que debía ser celebrado y cultivado.

The Friendship Fair on Hope Street

In the picturesque Hope Street, where neighbors shared laughter and good times, a very special date was approaching: Friendship Day. The residents of the street had decided to celebrate this day in a unique and memorable way, giving birth to the idea of the "Friendship Fair."

Organizing the fair was a task that involved everyone. From the young to the elderly, each neighbor contributed their bit. Doña Marta, the flower lover, took on the responsibility of decorating the street with colorful garlands and floral arrangements. Mr. Martinez, always resourceful, took charge of designing homemade fair games, such as ring tossing and a rope maze.

The children of the street were excited about the idea of having their own booth at the fair. They created a "Paint Your Friendship" stand, where attendees could paint their hands and leave their prints on a large canvas to symbolize their friendship. They also organized a "Friendship Stories" booth, where neighbors could share special anecdotes about their friendships.

Young Isabella, with her violin talent, planned a special music concert for the fair. She practiced with other local musicians and together they created a vibrant repertoire that would fill the street with joyful melodies. Mr. Hernandez, known for his delicious cooking, led the food booth, offering traditional dishes and treats for all tastes.

Friendship Day finally arrived, and Hope Street transformed into a place full of excitement and color. The fair booths lined the street, and neighbors dressed in festive outfits gathered to enjoy the celebration. The fair games and activities created an atmosphere of joy and camaraderie.

Isabella's concert was a complete success. The music resonated in the hearts of the attendees, and the stories shared at the "Friendship Stories" booth created even stronger bonds among the neighbors. The fair became a celebration of the ties that united the community and reminded everyone of the importance of friendship in their lives.

And so, on Hope Street, the "Friendship Fair" became an annual tradition that symbolized unity and affection among neighbors. Each year, the fair reminded everyone that friendship was a precious treasure that should be celebrated and nurtured.

El Enigma de la Casa Abandonada

En la tranquila Calle Esperanza, un misterio comenzó a rondar una casa que había permanecido abandonada durante décadas. La vieja mansión, cubierta de enredaderas y sombras, se alzaba en el extremo de la calle, capturando la curiosidad de todos los vecinos.

Doña Carmen, una de las residentes más antiguas de la calle, recordaba haber escuchado historias de la casa cuando era niña. Se decía que estaba encantada, que extraños sonidos se escuchaban durante la noche y que nadie se atrevía a acercarse después del anochecer. Pero a medida que los años pasaban, las historias se convirtieron en leyendas, y la casa fue olvidada por la mayoría.

Un día, Andrea, la joven periodista, decidió indagar en la historia de la casa abandonada. Se sumergió en archivos antiguos, habló con los vecinos mayores y finalmente descubrió que la casa solía pertenecer a una familia adinerada que desapareció misteriosamente hace décadas. La noticia de su hallazgo se extendió por la calle, reavivando el interés en la casa olvidada.

Los vecinos comenzaron a hablar entre ellos, compartiendo recuerdos y relatos sobre la misteriosa mansión. Pronto, surgió la idea de organizar una excursión a la casa abandonada para explorar su interior y desentrañar su enigma. Algunos vecinos se mostraron reacios, recordando las viejas historias de fantasmas y espíritus.

Pero con el tiempo, el espíritu de comunidad prevaleció. Un grupo valiente se reunió en el jardín de Doña Carmen una tarde soleada, listos para descubrir lo que la casa ocultaba. Armados con linternas y coraje, cruzaron el umbral de la vieja mansión.

Lo que encontraron dentro era fascinante. Habitaciones empolvadas con muebles antiguos y cortinas desgarradas, pinturas que habían perdido su color y un aura de nostalgia que llenaba el aire. Entre los documentos olvidados, descubrieron pistas que sugerían que la familia había estado involucrada en misteriosos asuntos de la ciudad.

A medida que exploraban, los vecinos compartían teorías y suposiciones sobre lo que podría haber ocurrido. Andrea documentaba cada descubrimiento, tejiendo la historia de la casa y su familia perdida en un relato cautivador. A medida que la noche caía y las linternas parpadeaban, la mansión revelaba sus secretos poco a poco.

Finalmente, salieron de la casa abandonada, con la sensación de haber sido parte de algo especial. Las teorías y conjeturas seguían flotando en el aire mientras regresaban a la Calle Esperanza. Si bien el misterio de la casa no se resolvió por completo, la experiencia unió a la comunidad de una manera nueva y emocionante.

Y así, la vieja mansión abandonada se convirtió en un vínculo entre los vecinos de la Calle Esperanza, recordándoles que, incluso en los misterios y enigmas, la unión y la amistad podían iluminar el camino hacia la verdad.

The Enigma of the Abandoned House

In the tranquil Hope Street, a mystery began to surround a house that had remained abandoned for decades. The old mansion, covered in vines and shadows, stood at the end of the street, capturing the curiosity of all the neighbors.

Doña Carmen, one of the oldest residents of the street, remembered hearing stories about the house when she was a child. It was said to be haunted, strange sounds were heard during the night, and no one dared to approach it after dark. But as the years passed, the stories turned into legends, and the house was forgotten by most.

One day, Andrea, the young journalist, decided to delve into the history of the abandoned house. She delved into old records, spoke to the older neighbors, and eventually discovered that the house used to belong to a wealthy family that mysteriously disappeared decades ago. The news of her findings spread throughout the street, reigniting interest in the forgotten house.

Neighbors began to talk to each other, sharing memories and tales about the mysterious mansion. Soon, the idea of organizing a tour of the abandoned house emerged to explore its interior and unravel its enigma. Some neighbors were hesitant, remembering the old stories of ghosts and spirits.

But over time, the spirit of community prevailed. A brave group gathered in Doña Carmen's garden on a sunny afternoon, ready to uncover what the house concealed. Armed with flashlights and courage, they crossed the threshold of the old mansion.

What they found inside was fascinating. Dust-covered rooms with antique furniture and tattered curtains, paintings that had lost their color, and an aura of nostalgia that filled the air. Among forgotten documents, they discovered clues suggesting that the family had been involved in mysterious city affairs.

As they explored, the neighbors shared theories and assumptions about what might have happened. Andrea documented each discovery, weaving the story of the house and its lost family into a captivating narrative. As night fell and the flashlights flickered, the mansion gradually revealed its secrets.

Finally, they emerged from the abandoned house, with the feeling of having been part of something special. The theories and conjectures continued to hang in the air as they returned to Hope Street. While the mystery of the house wasn't completely solved, the experience united the community in a new and exciting way.

And so, the old abandoned mansion became a bond among the neighbors of Hope Street, reminding them that even in mysteries and enigmas, unity and friendship could light the path to truth.

El Tesoro de la Calle Esperanza

En la pintoresca Calle Esperanza, donde la comunidad compartía risas y amistad, una serie de eventos inesperados desencadenó un emocionante enigma que mantuvo a todos los vecinos en vilo.

Todo comenzó cuando el Sr. Martínez, el dueño de la tienda de antigüedades, descubrió un antiguo mapa en un libro de su tienda. El mapa parecía señalar un lugar misterioso en la Calle Esperanza, y había un rastro de palabras escritas a mano que decía: "El Tesoro Aguarda a Quien Lo Encuentre".

El Sr. Martínez compartió el descubrimiento con los vecinos durante su habitual tertulia en el jardín de Doña Carmen. La noticia del mapa del tesoro se esparció como un reguero de pólvora, y pronto, todos estaban involucrados en la búsqueda del tesoro escondido.

Los vecinos se organizaron en equipos y comenzaron a explorar la Calle Esperanza en busca de pistas. Los más jóvenes se entusiasmaron con la idea de una búsqueda del tesoro, mientras que los más mayores recordaban historias de aventuras similares de su juventud.

Doña Rosa, que siempre había sido una coleccionista de objetos curiosos, encontró un amuleto antiguo en su ático con un símbolo que se parecía al dibujo en el mapa. El amuleto llevaba una inscripción que decía: "Sigue el camino de la amistad y hallarás la clave". La comunidad se reunió en el jardín de Doña Carmen para descifrar el enigma.

Juntos, los vecinos interpretaron que el "camino de la amistad" se refería a la interconexión de relaciones que habían construido a lo largo de los años en la Calle Esperanza. Cada relación era una clave para avanzar en la búsqueda del tesoro.

Los equipos exploraron juntos la calle, compartiendo historias y pistas mientras avanzaban. En cada rincón, encontraban desafíos y acertijos que requerían trabajo en equipo y creatividad para resolver. Los niños, los adolescentes y los adultos colaboraban en conjunto, fortaleciendo aún más los lazos de la comunidad.

Finalmente, después de días de búsqueda y aventura, los equipos se reunieron en el lugar que el mapa indicaba. Con el amuleto antiguo en mano, Doña Rosa dio el último paso, siguiendo las pistas y finalmente desenterrando una caja que contenía una colección de cartas y objetos que representaban momentos compartidos en la Calle Esperanza a lo largo de los años.

El tesoro no era oro ni joyas, sino los tesoros intangibles de la amistad, la comunidad y los recuerdos compartidos. Los vecinos celebraron juntos, dándose cuenta de que el verdadero tesoro estaba en los lazos que habían construido a lo largo del tiempo.

Y así, en la Calle Esperanza, el "Tesoro de la Calle Esperanza" se convirtió en una historia que recordaba a todos que las relaciones y las experiencias compartidas eran los tesoros más valiosos de todos.

The Treasure of Hope Street

In the picturesque Hope Street, where the community shared laughter and friendship, a series of unexpected events triggered an exciting enigma that kept all the neighbors on edge.

It all began when Mr. Martinez, the owner of the antique shop, discovered an old map in a book in his store. The map seemed to point to a mysterious location on Hope Street, and there was a handwritten trail of words that said, "The Treasure Awaits Whoever Finds It."

Mr. Martinez shared the discovery with the neighbors during their usual gathering in Doña Carmen's garden. The news of the treasure map spread like wildfire, and soon, everyone was involved in the search for the hidden treasure.

The neighbors organized into teams and began to explore Hope Street in search of clues. The younger ones got excited about the idea of a treasure hunt, while the older ones recalled stories of similar adventures from their youth.

Doña Rosa, who had always been a collector of curious objects, found an ancient amulet in her attic with a symbol that resembled the drawing on the map. The amulet had an inscription that said, "Follow the path of friendship and you will find the key." The community gathered in Doña Carmen's garden to decipher the enigma.

Together, the neighbors interpreted that the "path of friendship" referred to the interconnection of relationships they had built over the years on Hope Street. Each relationship was a key to advancing in the treasure hunt.

The teams explored the street together, sharing stories and clues as they progressed. At every corner, they found challenges and riddles that required teamwork and creativity to solve. Children, teenagers, and adults collaborated, further strengthening the bonds of the community.

Finally, after days of searching and adventure, the teams gathered at the location indicated on the map. With the ancient amulet in hand, Doña Rosa took the final step, following the clues and ultimately unearthing a box containing a collection of letters and objects representing shared moments on Hope Street over the years.

The treasure wasn't gold or jewels, but the intangible treasures of friendship, community, and shared memories. The neighbors celebrated together, realizing that the true treasure lay in the bonds they had built over time.

And so, on Hope Street, the "Treasure of Hope Street" became a story that reminded everyone that relationships and shared experiences were the most valuable treasures of all.

El Misterio de la Estatua Desaparecida

En la tranquila Calle Esperanza, donde los vecinos compartían alegrías y vivencias, un misterio inusual comenzó a intrigar a la comunidad. Una estatua icónica que había estado en el parque de la calle durante generaciones desapareció misteriosamente una noche, dejando a todos perplejos.

La estatua representaba a un niño sosteniendo un libro y mirando hacia el horizonte, un símbolo de la esperanza y el futuro. Era un lugar de encuentro para los vecinos, donde niños jugaban y adultos conversaban. Pero una mañana, al despertar, todos se dieron cuenta de que la estatua había desaparecido sin dejar rastro.

El rumor de la desaparición se extendió como un incendio por la calle. Los vecinos se congregaron en el parque, mirando con incredulidad el espacio vacío donde solía estar la estatua. Entre ellos se encontraba Andrea, la joven periodista de la comunidad, quien decidió investigar el misterio y descubrir la verdad detrás de la desaparición.

Andrea comenzó a entrevistar a los vecinos, recolectando pistas y relatos de los que habían sido testigos la noche en que la estatua desapareció. Algunos mencionaron haber escuchado ruidos extraños, mientras que otros recordaban haber visto sombras en la oscuridad. Con cada conversación, el enigma se volvía más intrigante.

Doña Marta, la amante de las flores, recordó haber visto huellas extrañas en el césped cerca de la base de la estatua. Andrea decidió seguir las pistas y rastros que había recopilado. Poco a poco, comenzó a armar un rompecabezas de detalles que apuntaban a un posible motivo detrás de la desaparición.

Después de semanas de investigación, Andrea reunió a los vecinos en el jardín de Doña Carmen para compartir sus hallazgos. A través de la combinación de relatos, huellas y evidencia, logró reconstruir lo que había sucedido aquella noche.

Resultó que un grupo de jóvenes artistas locales había estado planeando una exhibición sorpresa para la comunidad. Habían tomado la estatua para restaurarla y agregar elementos artísticos que representaran la diversidad y unidad de la calle. Su intención era devolverla una vez que estuviera lista como una sorpresa para todos.

La comunidad quedó sorprendida por la revelación, pero también emocionada por la perspectiva de una nueva y embellecida estatua. La estatua restaurada se convirtió en un símbolo aún más poderoso de la esperanza y la unión en la Calle Esperanza.

Y así, en el corazón de la Calle Esperanza, el misterio de la estatua desaparecida demostró una vez más que incluso en los momentos de incertidumbre, la comunidad podía unirse y enfrentar cualquier desafío, creando un futuro lleno de promesas y amistad.

The Mystery of the Disappeared Statue

In the tranquil Hope Street, where neighbors shared joys and experiences, an unusual mystery began to intrigue the community. An iconic statue that had stood in the street's park for generations disappeared mysteriously one night, leaving everyone perplexed.

The statue depicted a child holding a book and gazing towards the horizon, a symbol of hope and the future. It was a gathering place for neighbors, where children played and adults conversed. But one morning, upon awakening, everyone noticed that the statue had vanished without a trace.

The rumor of the disappearance spread like wildfire through the street. Neighbors gathered in the park, looking in disbelief at the empty space where the statue used to stand. Among them was Andrea, the young journalist of the community, who decided to investigate the mystery and uncover the truth behind the disappearance.

Andrea began to interview the neighbors, collecting clues and accounts from those who had witnessed the night when the statue disappeared. Some mentioned hearing strange noises, while others recalled seeing shadows in the darkness. With each conversation, the enigma became more intriguing.

Doña Marta, the flower enthusiast, remembered seeing strange footprints on the grass near the base of the statue. Andrea decided to follow the leads and traces she had gathered. Slowly, she started piecing together a puzzle of details that pointed to a possible motive behind the disappearance.

After weeks of investigation, Andrea gathered the neighbors in Doña Carmen's garden to share her findings. Through the combination of accounts, footprints, and evidence, she managed to reconstruct what had happened that night.

It turned out that a group of local young artists had been planning a surprise exhibition for the community. They had taken the statue to restore it and add artistic elements that represented the diversity and unity of the street. Their intention was to return it once it was ready as a surprise for everyone.

The community was taken aback by the revelation, but also excited about the prospect of a new and embellished statue. The restored statue became an even more powerful symbol of hope and unity on Hope Street.

And so, at the heart of Hope Street, the mystery of the disappeared statue once again demonstrated that even in moments of uncertainty, the community could come together and face any challenge, creating a future full of promise and friendship.

La Feria de las Historias en la Calle Esperanza

En la encantadora Calle Esperanza, donde los vecinos compartían sus alegrías y penas, se celebraba cada año la Feria de las Historias, un evento que unía a la comunidad a través de cuentos y relatos.

La idea de la feria había surgido un año en una conversación casual entre Doña Carmen y el Sr. Martínez. Ambos eran amantes de la literatura y pensaron que sería maravilloso compartir historias con los demás vecinos. Así, se propusieron organizar la primera Feria de las Historias.

Doña Carmen, con su amor por las flores, tomó la iniciativa de decorar el jardín con luces suaves y mantas coloridas para crear un ambiente acogedor. El Sr. Martínez se encargó de diseñar carteles y programas para el evento. Andrea, la joven periodista, se emocionó con la idea y se ofreció a documentar cada momento especial de la feria.

La feria finalmente llegó y la Calle Esperanza se transformó en un rincón de magia y narrativa. Los vecinos se reunieron en el jardín de Doña Carmen, donde se habían colocado sillas y mantas en un círculo alrededor de un pequeño escenario improvisado. Luces suaves iluminaban el área mientras la luna comenzaba a elevarse en el cielo.

El Sr. Martínez abrió la feria con una historia sobre un viaje a tierras lejanas y exóticas. Su voz resonaba con emoción y los vecinos quedaron cautivados por su relato. Luego, Isabella, la joven violinista, tocó una melodía que parecía llevar a todos a un mundo de ensueño.

Los vecinos comenzaron a compartir sus propias historias. Algunos hablaban de sus aventuras de juventud, otros compartían cuentos de sus familias y tradiciones. Las risas y las lágrimas se mezclaban en el aire mientras todos se conectaban a través de las palabras y las emociones.

Andrea también tuvo su momento en el escenario, compartiendo una historia que había recopilado de una vecina anciana. La historia hablaba de amistad, pérdida y el poder de la comunidad para superar los desafíos. Su relato resonó en los corazones de todos, recordándoles la importancia de la unión en tiempos difíciles.

A medida que la noche avanzaba, la feria se llenó de historias de todas las formas y tamaños. Los vecinos se unieron en un círculo de amistad y comprensión, fortaleciendo aún más los lazos que los unían en la Calle Esperanza.

Y así, la Feria de las Historias se convirtió en una tradición anual que celebraba la magia de las palabras y la importancia de compartir experiencias. Cada año, la Calle Esperanza se llenaba de historias que tejían su comunidad en una red de conexiones más profundas y significativas.

The Storytelling Fair on Hope Street

In the charming Hope Street, where neighbors shared their joys and sorrows, the Storytelling Fair was celebrated every year, an event that brought the community together through tales and narratives.

The idea for the fair had arisen one year in a casual conversation between Doña Carmen and Mr. Martinez. Both were literature enthusiasts and thought it would be wonderful to share stories with the other neighbors. Thus, they set out to organize the first Storytelling Fair.

Doña Carmen, with her love for flowers, took the initiative to decorate the garden with soft lights and colorful blankets to create a cozy atmosphere. Mr. Martinez took charge of designing posters and programs for the event. Andrea, the young journalist, was excited about the idea and offered to document every special moment of the fair.

The fair finally arrived, and Hope Street transformed into a corner of magic and storytelling. Neighbors gathered in Doña Carmen's garden, where chairs and blankets had been placed in a circle around a makeshift stage. Soft lights illuminated the area as the moon began to rise in the sky.

Mr. Martinez opened the fair with a story about a journey to distant and exotic lands. His voice resonated with excitement, and the neighbors were captivated by his tale. Then, Isabella, the young violinist, played a melody that seemed to transport everyone to a dreamlike world.

The neighbors began to share their own stories. Some spoke of their youthful adventures, others shared tales of their families and traditions. Laughter and tears mingled in the air as everyone connected through words and emotions.

Andrea also had her moment on the stage, sharing a story she had gathered from an elderly neighbor. The story spoke of friendship, loss, and the power of the community to overcome challenges. Her narrative resonated in the hearts of all, reminding them of the importance of unity in difficult times.

As the night progressed, the fair filled with stories of all shapes and sizes. The neighbors joined in a circle of friendship and understanding, further strengthening the bonds that united them on Hope Street.

And so, the Storytelling Fair became an annual tradition that celebrated the magic of words and the importance of sharing experiences. Each year, Hope Street was filled with stories that wove its community into a network of deeper and more meaningful connections.

El Misterio de las Luciérnagas en la Calle Esperanza

En la apacible Calle Esperanza, donde los vecinos compartían amistad y alegrías, se desarrolló un misterio que llenó de asombro y curiosidad a toda la comunidad. Una noche de verano, cuando el cielo estaba teñido de estrellas brillantes, las luciérnagas comenzaron a desplegar su mágico espectáculo en el jardín de Doña Carmen.

Las luciérnagas danzaban en el aire, creando destellos de luz que parecían estrellas fugaces en la tierra. Los niños se reunieron en el jardín, emocionados por la aparición de estas criaturas luminosas. Los adultos también se unieron a la observación, maravillados por el hermoso espectáculo.

La noticia de las luciérnagas se extendió rápidamente por la Calle Esperanza. Los vecinos comenzaron a reunirse en el jardín de Doña Carmen cada noche para ser testigos del espectáculo de luces naturales. La comunidad estaba unida en su admiración por la belleza de las luciérnagas y la magia que traían consigo.

Sin embargo, una noche, las luciérnagas no aparecieron. Los niños y los adultos esperaron con anticipación, pero las pequeñas luces parpadeantes no iluminaron el jardín como de costumbre. La preocupación llenó el aire, y la comunidad se preguntaba qué podría haber sucedido.

Andrea, la joven periodista de la calle, decidió investigar el misterio. Habló con expertos y estudió sobre las luciérnagas para descubrir por qué habían desaparecido. A medida que profundizaba en su investigación, descubrió que las luciérnagas eran muy sensibles a los cambios en su hábitat y que la contaminación lumínica de la ciudad podría haber afectado su comportamiento.

Decidida a resolver el enigma, Andrea se reunió con los vecinos y propuso que apagaran todas las luces del jardín durante una noche para crear un ambiente oscuro y natural. Con velas y linternas, todos se reunieron en el jardín, esperando pacientemente.

Y entonces, como por arte de magia, las luciérnagas comenzaron a aparecer una por una. Sus destellos iluminaron el jardín, creando un escenario de ensueño. Los niños reían y saltaban, mientras los adultos observaban con asombro y gratitud.

La comunidad había unido sus esfuerzos para devolver el brillo a las luciérnagas. La noche oscura y tranquila les había proporcionado el espacio necesario para brillar y llenar el jardín con su luz mágica una vez más.

Y así, en la Calle Esperanza, el misterio de las luciérnagas desaparecidas se convirtió en una lección de cómo la comunidad podía unirse para proteger y preservar la belleza natural que los rodeaba. El brillo de las luciérnagas se convirtió en un recordatorio constante de la importancia de cuidar y apreciar la naturaleza en su forma más pura.

The Mystery of the Fireflies on Hope Street

In the peaceful Hope Street, where neighbors shared friendship and joys, a mystery unfolded that filled the entire community with awe and curiosity. One summer night, when the sky was adorned with bright stars, fireflies began to put on their magical show in Doña Carmen's garden.

The fireflies danced in the air, creating flashes of light that resembled shooting stars on the ground. Children gathered in the garden, excited by the appearance of these luminous creatures. Adults also joined in the observation, marveling at the beautiful spectacle.

The news of the fireflies quickly spread throughout Hope Street. Neighbors began to gather in Doña Carmen's garden every evening to witness the display of natural lights. The community was united in their admiration for the beauty of the fireflies and the magic they brought with them.

However, one night, the fireflies didn't appear. Children and adults waited with anticipation, but the little flickering lights didn't illuminate the garden as usual. Concern filled the air, and the community wondered what could have happened.

Andrea, the young journalist of the street, decided to investigate the mystery. She talked to experts and studied about fireflies to discover why they had disappeared. As she delved into her research, she found that fireflies were very sensitive to changes in their habitat and that the city's light pollution could have affected their behavior.

Determined to solve the puzzle, Andrea gathered the neighbors and proposed that they turn off all the lights in the garden for one night to create a dark and natural environment. With candles and lanterns, everyone assembled in the garden, waiting patiently.

And then, as if by magic, the fireflies began to appear one by one. Their flashes illuminated the garden, creating a dreamlike setting. Children laughed and jumped, while adults watched in astonishment and gratitude.

The community had united their efforts to bring back the glow of the fireflies. The dark and quiet night had provided the necessary space for them to shine and fill the garden with their magical light once again.

And so, on Hope Street, the mystery of the vanished fireflies turned into a lesson of how the community could come together to protect and preserve the natural beauty around them. The glow of the fireflies became a constant reminder of the importance of caring for and appreciating nature in its purest form.

El Concurso de Jardinería de la Calle Esperanza

En la hermosa Calle Esperanza, donde la comunidad compartía su amor por la naturaleza y la belleza, se organizaba un emocionante concurso de jardinería que unía a vecinos jóvenes y mayores en una competencia llena de creatividad y amistad.

La idea del concurso surgió durante una de las reuniones de la comunidad en el jardín de Doña Carmen. Los vecinos compartían sus pasiones por la jardinería y las plantas, y pronto se dieron cuenta de que sería maravilloso mostrar sus talentos y embellecer aún más la calle con jardines florecientes.

El Sr. Martínez, siempre entusiasta en proyectos comunitarios, tomó la iniciativa de organizar el concurso. Diseñó carteles coloridos y programas para el evento, y se acercó a empresas locales para obtener premios para los ganadores. Andrea, la joven periodista, se emocionó con la idea y se ofreció a documentar cada etapa del concurso.

La noticia del concurso se esparció rápidamente por la Calle Esperanza. Los vecinos comenzaron a preparar sus jardines con entusiasmo, plantando flores, arbustos y árboles con cuidado y dedicación. Los niños también se involucraron, creando pequeños jardines con macetas y flores coloridas.

El día del concurso finalmente llegó y la Calle Esperanza se transformó en un despliegue de colores y fragancias. Los jardines lucían espectaculares, con una variedad de flores y diseños creativos. Los vecinos se paseaban por la calle, admirando cada jardín y compartiendo consejos y elogios.

Los jueces, que eran expertos en jardinería y diseño paisajístico, recorrieron cada jardín, evaluando la creatividad, la armonía y el cuidado de las plantas. Los niños también tenían su propio concurso, donde presentaban sus adorables macetas con plantas y su creatividad desbordante.

Después de una emocionante jornada de exploración y evaluación, todos se reunieron en el jardín de Doña Carmen para la ceremonia de premiación. Los ganadores fueron anunciados, y cada uno recibió un hermoso trofeo y premios proporcionados por las empresas locales. Sin embargo, lo más importante era el sentido de logro y la alegría de haber compartido su pasión con la comunidad.

El concurso de jardinería se convirtió en una tradición anual en la Calle Esperanza. Cada año, los vecinos se unían para embellecer sus jardines y compartir la belleza de la naturaleza entre ellos. A través del concurso, la comunidad demostró que la pasión, la creatividad y la amistad podían florecer en cada rincón de la calle, haciendo de la Calle Esperanza un lugar aún más hermoso y unido.

The Gardening Contest of Hope Street

In the beautiful Hope Street, where the community shared their love for nature and beauty, an exciting gardening contest was organized that brought together neighbors young and old in a competition full of creativity and friendship.

The idea for the contest arose during one of the community gatherings in Doña Carmen's garden. Neighbors were sharing their passions for gardening and plants, and soon realized it would be wonderful to showcase their talents and further beautify the street with blooming gardens.

Mr. Martinez, always enthusiastic about community projects, took the initiative to organize the contest. He designed colorful posters and programs for the event, and reached out to local businesses to obtain prizes for the winners. Andrea, the young journalist, was excited about the idea and offered to document every stage of the contest.

The news of the contest quickly spread throughout Hope Street. Neighbors started preparing their gardens with enthusiasm, planting flowers, shrubs, and trees with care and dedication. Children also got involved, creating small gardens with pots and colorful flowers.

The day of the contest finally arrived, and Hope Street transformed into a display of colors and fragrances. The gardens looked spectacular, with a variety of flowers and creative designs. Neighbors strolled along the street, admiring each garden and sharing tips and compliments.

The judges, who were experts in gardening and landscape design, toured each garden, evaluating creativity, harmony, and plant care. The children also had their own contest, where they presented their adorable plant pots and overflowing creativity.

After an exciting day of exploration and evaluation, everyone gathered in Doña Carmen's garden for the award ceremony. The winners were announced, and each received a beautiful trophy and prizes provided by local businesses. However, the most important thing was the sense of accomplishment and the joy of having shared their passion with the community.

The gardening contest became an annual tradition on Hope Street. Each year, neighbors came together to beautify their gardens and share the beauty of nature among themselves. Through the contest, the community demonstrated that passion, creativity, and friendship could bloom in every corner of the street, making Hope Street an even more beautiful and united place.

El Enigma de las Cartas Secretas

En la entrañable Calle Esperanza, donde los vecinos compartían risas y confidencias, surgió un enigma que mantuvo a todos intrigados y emocionados. Cada mañana, durante una semana entera, aparecían cartas secretas en los buzones de los residentes, sin ninguna pista de quién las enviaba ni su contenido.

Doña Carmen, la matriarca de la calle, fue la primera en recibir una de estas cartas. Al abrirla, encontró un mensaje breve y misterioso: "La amistad es el tesoro más valioso". Confundida pero intrigada, Doña Carmen compartió el contenido con los demás vecinos en su reunión matutina en el jardín.

A medida que pasaban los días, más cartas secretas aparecían en los buzones de la Calle Esperanza. Cada una contenía un mensaje inspirador o un proverbio enigmático. Algunas hablaban de la importancia de la comunidad y la unidad, mientras que otras mencionaban sueños y esperanzas compartidas.

Los vecinos comenzaron a formar teorías sobre el origen de estas cartas secretas. Algunos creían que se trataba de una artimaña del Sr. Martínez, mientras que otros pensaban que podría ser el trabajo de algún misterioso admirador secreto. Los niños también se emocionaron y crearon historias de magia y aventuras en torno a las cartas.

Andrea, la joven periodista, se sintió intrigada y decidió investigar el enigma de las cartas. Entrevistó a los vecinos y reunió pistas mientras intentaba descubrir quién estaba detrás de estas palabras misteriosas. Sin embargo, cada pista la llevaba a un callejón sin salida, y el misterio parecía profundizarse aún más.

Una tarde, mientras paseaba por la calle, Andrea notó una sombra moviéndose detrás de los arbustos cerca de su casa. Con curiosidad, se acercó y descubrió a un grupo de niños del vecindario riendo y susurrando. Resultó que habían estado dejando las cartas secretas como un acto de amistad y alegría para toda la comunidad.

Los niños confesaron que habían querido crear un sentido de misterio y sorpresa en la calle, inspirados por las historias que habían escuchado de los adultos. Andrea sonrió, admirando la creatividad y la bondad de los pequeños. Juntos, decidieron organizar un picnic en el jardín de Doña Carmen para compartir su descubrimiento con todos los vecinos.

En el picnic, los niños revelaron su secreto y entregaron cartas escritas personalmente a cada vecino. Las cartas expresaban gratitud, amistad y la alegría de compartir la Calle Esperanza. La comunidad se unió en risas y abrazos, con una nueva comprensión de la importancia de la amistad y la magia de los gestos simples.

Y así, en la Calle Esperanza, el enigma de las cartas secretas se convirtió en una lección sobre la importancia de las relaciones genuinas y la capacidad de los pequeños gestos para tejer lazos de amistad. Cada vez que alguien miraba una carta, recordaba que el verdadero tesoro estaba en el corazón de la comunidad.

The Enigma of the Secret Letters

In the heartwarming Hope Street, where neighbors shared laughter and confidences, an enigma emerged that kept everyone intrigued and excited. Every morning, for an entire week, secret letters appeared in the residents' mailboxes, with no clue as to who was sending them or their content.

Doña Carmen, the matriarch of the street, was the first to receive one of these letters. Upon opening it, she found a brief and mysterious message: "Friendship is the most valuable treasure." Confused yet intrigued, Doña Carmen shared the contents with the other neighbors during their morning gathering in the garden.

As the days went by, more secret letters appeared in the mailboxes of Hope Street. Each one contained an inspiring message or an enigmatic proverb. Some spoke of the importance of community and unity, while others mentioned shared dreams and hopes.

Neighbors began to form theories about the origin of these secret letters. Some believed it was a ploy by Mr. Martinez, while others thought it might be the work of a mysterious secret admirer. The children also got excited and created stories of magic and adventures around the letters.

Andrea, the young journalist, felt intrigued and decided to investigate the mystery of the letters. She interviewed the neighbors and gathered clues while trying to uncover who was behind these mysterious words. However, each lead led her to a dead end, and the mystery seemed to deepen even further.

One afternoon, while strolling down the street, Andrea noticed a shadow moving behind the bushes near her house. Curiously, she approached and discovered a group of neighborhood children laughing and whispering. It turned out they had been leaving the secret letters as an act of friendship and joy for the entire community.

The children confessed that they had wanted to create a sense of mystery and surprise on the street, inspired by stories they had heard from the adults. Andrea smiled, admiring the creativity and kindness of the little ones. Together, they decided to organize a picnic in Doña Carmen's garden to share their discovery with all the neighbors.

At the picnic, the children revealed their secret and handed out personally written letters to each neighbor. The letters expressed gratitude, friendship, and the joy of sharing Hope Street. The community came together in laughter and hugs, with a new understanding of the importance of friendship and the magic of simple gestures.

And so, on Hope Street, the enigma of the secret letters became a lesson about the significance of genuine relationships and the power of small gestures to weave bonds of friendship. Every time someone looked at a letter, they were reminded that the true treasure lay in the heart of the community.

La Celebración de las Artes en la Calle Esperanza

En la vibrante Calle Esperanza, donde la creatividad fluía y la comunidad compartía su amor por las artes, se llevó a cabo una emocionante celebración que unió a vecinos de todas las edades en torno a la expresión artística. La Calle Esperanza se convirtió en un lienzo viviente para la imaginación y la pasión.

La idea de la celebración surgió durante una tarde soleada en el jardín de Doña Carmen. Los vecinos compartían sus proyectos artísticos y pronto se dieron cuenta de que sería maravilloso mostrar sus talentos y embellecer la calle con coloridos murales y actuaciones conmovedoras.

El Sr. Martínez, siempre entusiasta en apoyar el talento local, tomó la iniciativa de organizar la Celebración de las Artes. Diseñó invitaciones llamativas y programas para el evento, y reunió a artistas de la comunidad que estaban ansiosos por participar. Andrea, la joven periodista, se emocionó con la idea y se ofreció a documentar cada momento especial de la celebración.

El día de la celebración finalmente llegó y la Calle Esperanza se transformó en un festival de creatividad y expresión. Los vecinos se habían unido para decorar las calles con coloridos murales, esculturas efímeras y exhibiciones de arte únicas. El aroma de la comida callejera se mezclaba con la música y la risa, creando un ambiente festivo.

El escenario principal se instaló en el jardín de Doña Carmen, donde los artistas locales compartieron su talento con actuaciones de música, danza y teatro. Los niños también tenían su espacio para mostrar sus creaciones artísticas, desde pinturas hasta manualidades.

A medida que la noche caía, se encendieron luces suaves que iluminaron los murales y las obras de arte, creando un ambiente mágico. Los vecinos se reunieron para admirar las creaciones de sus amigos y vecinos, compartiendo el orgullo de la comunidad y la admiración por la diversidad de talentos.

Andrea presentó un cortometraje en el que había capturado las historias y las emociones de los artistas mientras se preparaban para el evento. El cortometraje tocó los corazones de todos, recordándoles la importancia de la creatividad y la colaboración en la construcción de un sentido de pertenencia.

Al final de la noche, los vecinos se reunieron en un círculo en el jardín de Doña Carmen, compartiendo risas y aplausos. La Celebración de las Artes en la Calle Esperanza había demostrado una vez más que la comunidad podía unirse para celebrar la belleza y la creatividad que los rodeaba. Cada pincelada, cada nota y cada palabra compartida habían tejido una historia única de esperanza y expresión en la Calle Esperanza.

The Celebration of the Arts on Hope Street

In the vibrant Hope Street, where creativity flowed and the community shared their love for the arts, an exciting celebration took place that brought neighbors of all ages together around artistic expression. Hope Street transformed into a living canvas for imagination and passion.

The idea for the celebration arose on a sunny afternoon in Doña Carmen's garden. Neighbors were sharing their artistic projects, and soon realized it would be wonderful to showcase their talents and beautify the street with colorful murals and touching performances.

Mr. Martinez, always enthusiastic about supporting local talent, took the initiative to organize the Celebration of the Arts. He designed eye-catching invitations and programs for the event, and gathered community artists who were eager to participate. Andrea, the young journalist, was excited about the idea and offered to document every special moment of the celebration.

The day of the celebration finally arrived, and Hope Street transformed into a festival of creativity and expression. Neighbors had come together to decorate the streets with colorful murals, ephemeral sculptures, and unique art displays. The aroma of street food mixed with music and laughter, creating a festive atmosphere.

The main stage was set up in Doña Carmen's garden, where local artists shared their talent through music, dance, and theater performances. Children also had their space to showcase their artistic creations, from paintings to crafts.

As the night fell, soft lights were lit, illuminating the murals and artworks, creating a magical ambiance. Neighbors gathered to admire the creations of their friends and neighbors, sharing community pride and admiration for the diversity of talents.

Andrea presented a short film in which she had captured the stories and emotions of the artists as they prepared for the event. The short film touched the hearts of everyone, reminding them of the importance of creativity and collaboration in building a sense of belonging.

At the end of the night, neighbors gathered in a circle in Doña Carmen's garden, sharing laughter and applause. The Celebration of the Arts on Hope Street had once again shown that the community could come together to celebrate the beauty and creativity around them. Each brushstroke, every note, and each shared word had woven a unique story of hope and expression on Hope Street.

El Misterio del Gato en la Calle Esperanza

En la acogedora Calle Esperanza, donde los vecinos compartían sus vidas y alegrías, surgió un misterio que intrigó a toda la comunidad. Una mañana soleada, los residentes despertaron con la noticia de un gato misterioso que había aparecido en diferentes lugares de la calle.

El gato era de un pelaje negro brillante y ojos verdes intensos. Aunque parecía amigable, siempre se mantenía a cierta distancia de las personas, observando con curiosidad desde lejos. Los niños se emocionaron al ver al misterioso gato y comenzaron a llamarlo "Sombra", debido a su habilidad para aparecer y desaparecer como una sombra sigilosa.

Pronto, los vecinos comenzaron a intercambiar historias sobre las apariciones de Sombra en sus patios y jardines. Algunos decían que el gato traía buena suerte, mientras que otros creían que podía prever cambios en el clima. Cada día, la comunidad esperaba con anticipación para ver dónde aparecería el gato misterioso a continuación.

Doña Carmen, siempre amante de los animales, decidió acercarse a Sombra y ganarse su confianza. Con paciencia y afecto, pasó tiempo sentada en su jardín, leyendo en voz alta y dejando comida cerca. Poco a poco, Sombra comenzó a acercarse más, aceptando las caricias de Doña Carmen.

Andrea, la joven periodista de la calle, se sintió intrigada por el misterio del gato y decidió investigar. Habló con expertos en gatos y recopiló historias de otros vecinos que habían tenido encuentros con Sombra. A medida que profundizaba en su investigación, descubrió que Sombra había sido una mascota amada en una casa cercana antes de perderse.

Decidida a encontrar al dueño de Sombra, Andrea publicó una historia en el periódico local sobre el misterioso gato y su búsqueda de hogar. Pronto, recibió una llamada de una familia que reconoció a Sombra como su gato perdido. Habían estado buscándolo desesperadamente y se reunieron con él en el jardín de Doña Carmen.

La comunidad se reunió para presenciar el emotivo reencuentro entre Sombra y su familia. Los niños le dieron la bienvenida con cariño, y los vecinos compartieron historias sobre las aventuras de Sombra en la Calle Esperanza. Si bien Sombra se había convertido en parte de la comunidad, todos sabían que pertenecía a un hogar donde lo amaban.

Y así, en la Calle Esperanza, el misterio del gato Sombra se convirtió en una historia de amistad, compasión y unidad. Aunque Sombra ya no recorría las calles de la comunidad, su presencia dejó una huella imborrable en los corazones de todos, recordándoles la importancia de cuidar y compartir el amor con aquellos que nos rodean.

The Mystery of the Cat on Hope Street

In the cozy Hope Street, where neighbors shared their lives and joys, a mystery arose that intrigued the entire community. One sunny morning, residents woke up to the news of a mysterious cat that had appeared in different places on the street.

The cat had shiny black fur and intense green eyes. Although it seemed friendly, it always kept a certain distance from people, observing curiously from afar. Children were excited to see the mysterious cat and began to call it "Shadow," due to its ability to appear and disappear like a stealthy shadow.

Soon, neighbors began to exchange stories about Shadow's appearances in their yards and gardens. Some said the cat brought good luck, while others believed it could predict changes in the weather. Every day, the community awaited with anticipation to see where the mysterious cat would appear next.

Doña Carmen, always an animal lover, decided to approach Shadow and earn its trust. With patience and affection, she spent time sitting in her garden, reading aloud, and leaving food nearby. Slowly, Shadow began to come closer, accepting Doña Carmen's caresses.

Andrea, the young journalist of the street, felt intrigued by the cat's mystery and decided to investigate. She spoke with cat experts and collected stories from other neighbors who had encountered Shadow. As she delved into her research, she discovered that Shadow had been a beloved pet in a nearby home before getting lost.

Determined to find Shadow's owner, Andrea published a story in the local newspaper about the mysterious cat and its search for a home. Soon, she received a call from a family who recognized Shadow as their lost cat. They had been searching for him desperately and were reunited with him in Doña Carmen's garden.

The community gathered to witness the emotional reunion between Shadow and his family. The children welcomed him warmly, and the neighbors shared stories about Shadow's adventures on Hope Street. While Shadow had become a part of the community, everyone knew he belonged to a home where he was loved.

And so, on Hope Street, the mystery of the cat Shadow turned into a story of friendship, compassion, and unity. While Shadow no longer roamed the streets of the community, his presence left an indelible mark on everyone's hearts, reminding them of the importance of caring for and sharing love with those around us.